1 Mit Thunfischcrème gefüllte Paprika

ZUTATEN FÜR DEN EINKAUF

Rezept für 4 Personen

2 Paprika, gelb
3 EL Olivenöl

150 g Thunfisch aus der Dose

50 g Mayonnaise
1 EL Kapern, gehackt
1 EL Petersilie, gehackt

100 g Rucolasalat
2 EL Balsamicoessig
3 EL Olivenöl

1

Mit Thunfischcrème gefüllte Paprika

ZUBEREITUNG

2 gelbe Paprika halbieren, putzen und mit Öl beträufeln. Im 180 °C heißen Ofen ca. 20 Minuten schmoren, abkühlen lassen und enthäuten.

150 g Thunfisch fein hacken und mit 50 g Mayonnaise, 1 EL Kapern und 1 EL gehackter Petersilie mischen.

Etwas von der Crème auf die Paprikahälften streichen, einrollen und mit Rucolasalat anrichten. Abschließend mit etwas Essig-Öl-Gemisch beträufeln.

2 Kartoffelgnocchi auf Spinat

ZUTATEN FÜR DEN EINKAUF

Rezept für 4 Personen

600 g Kartoffeln, mehlig kochend

40 g Ricotta
2 Eigelbe
70 g Pecorino
100 g Weizengrieß

Salz
Muskat

3 EL Olivenöl
2 EL Petersilienstreifen
40 g Pecorino
120 g Spinatgemüse

Tomatensauce

2

Kartoffelgnocchi auf Spinat

ZUBEREITUNG

600 g Kartoffeln in Alufolie wickeln und im 200 °C heißen Ofen ca. 45 Minuten garen. Anschließend auspacken, schälen und durch eine Kartoffelpresse drücken.

40 g Ricotta, 2 Eigelbe, 70 g geriebenen Pecorino und 100 g Grieß unter die Kartoffeln kneten, mit Salz und Muskat abschmecken.

Den Teig auf einer bemehlten Arbeitsfläche zu Gnocchi formen und in siedendem Salzwasser ca. 10 Minuten garen, anschließend abschrecken.

Gnocchi in 3 EL Olivenöl leicht anbraten, 2 EL Petersilienstreifen zugeben. Mit 40 g geriebenem Pecorino und 120 g Spinat, in Butter angebraten und gewürzt mit Salz, Pfeffer und Muskat, anrichten. Dazu eine klassische Tomatensauce servieren.

3 Gebackener Mozzarella auf Tomatencarpaccio

ZUTATEN FÜR DEN EINKAUF

Rezept für 4 Personen

8 reife Tomaten
5 EL Olivenöl
2–3 EL Balsamicoessig
Salz, Pfeffer
Zucker

8 Baby-Mozzarella-Kugeln

2 EL Mehl
2 Eier, verquirlt
150 g Semmelbrösel
350 g Butterschmalz

Salz
1/2 Bund Basilikum
etwas Friséesalat

3

Gebackener Mozzarella auf Tomatencarpaccio

ZUBEREITUNG

8 Tomaten mit einem scharfen Messer in dünne Scheiben schneiden. Auf ein Blech legen und mit 5 EL Öl und 2–3 EL Essig beträufeln. Mit Salz, Pfeffer und Zucker würzen, 10 Minuten durchziehen lassen.

8 Mozzarella-Kugeln in 2 EL Mehl wenden, durch 2 verquirlte Eier ziehen. Diesen Vorgang wiederholen und dann sorgfältig in 150 g Semmelbrösel panieren. In heißem Butterschmalz goldgelb ausbacken.

Auf Küchenpapier abtropfen lassen, salzen und mit den marinierten Tomaten anrichten. Mit frischem Basilikum und Salat garnieren.

4 Mediterraner Bauernsalat

ZUTATEN FÜR DEN EINKAUF

Rezept für 4 Personen

1 Kopf Römischer Salat

100 g feine Bohnen

150 g kleine Kartoffeln

1 rote Zwiebel

1 Zucchini

4 Olivettitomaten

2 Mini-Fenchel

2 St. Frühlingslauch

8 Sardellenfilets
4 Wachteleier, gekocht
Salz, Pfeffer a. d. Mühle
Weißweinessig
Olivenöl

4 Mediterraner Bauernsalat

ZUBEREITUNG

Den Römischen Salat vierteln, waschen und gut trocknen.

100 g Bohnen putzen, blanchieren, kalt abschrecken und trocknen.

150 g gewaschene Kartoffeln in der Schale kochen, ausdämpfen, schälen und längs halbieren.

1 rote Zwiebel schälen und in feine Ringe schneiden.

1 Zucchini waschen und in dünne Scheiben schneiden.

4 längliche Tomaten waschen und halbieren.

2 Fenchel waschen und hauchdünn hobeln.

2 Stangen Frühlingslauch waschen und in Rauten schneiden.

Das vorbereitete Gemüse um den Römischen Salat herum dekorieren, mit 8 eingelegten Sardellenfilets und 4 halbierten Wachteleiern garnieren. Mit Salz und Pfeffer würzen. Essig und Öl nach Belieben darüber träufeln.

5 Salat von gegrilltem Gemüse mit Pesto

ZUTATEN FÜR DEN EINKAUF

Rezept für 4 Personen

2 Paprika, rot
2 Paprika, gelb
2 rote Zwiebeln, geschält
60 ml Olivenöl

2 Zucchini
1 Aubergine

100 ml Olivenöl mit Limone
4 Knoblauchzehen
2 Thymianzweige
2 Rosmarinzweige
Salz, Pfeffer

4 EL Balsamicoessig
100 g Basilikumpesto

5 Salat von gegrilltem Gemüse mit Pesto

ZUBEREITUNG

Je 2 rote und gelbe Paprika halbieren und entkernen. Die 2 roten Zwiebeln halbieren. Das Gemüse auf ein Blech legen und mit 60 ml Öl beträufeln. Im 180 °C heißen Backofen ca. 15 Minuten garen. Anschließend die Haut der Paprikaschoten abziehen.

2 Zucchini und 1 Aubergine in Scheiben schneiden. Diese mit Öl, 4 angedrückten Knoblauchzehen und je 2 Thymian- und Rosmarinzweigen in einer Grillpfanne braten, mit Salz und Pfeffer würzen.

Geschmorte Paprika und Zwiebel ebenfalls in der Pfanne nochmals braten.

Das Gemüse mit dem Bratöl und mit dem, welches beim Braten nicht verwendet wurde, in eine Schüssel geben und mit 4 EL Essig anmachen. Zusammen mit 100 g Basilikumpesto anrichten.

6 Ratatouillestrudel

ZUTATEN FÜR DEN EINKAUF

Rezept für 4 Personen

1 Zwiebel
2 Knoblauchzehen
3 EL Olivenöl
300 g Auberginen
300 g Zucchini
200 g geschälte Paprika aus dem Glas
150 ml Tomaten aus der Dose
1 TL frischer Thymian, gehackt
1 TL frischer Oregano, gehackt
Salz, Pfeffer

200 g TK-Strudelteig
100 g flüssige Butter

Ratatouillestrudel

ZUBEREITUNG

1 gewürfelte Zwiebel und 2 gehackte Knoblauchzehen in 3 EL Olivenöl anschwitzen. 300 g Auberginen- und 300 g Zucchiniwürfel beigeben und mitbraten. 200 g Paprika aus dem Glas, 150 ml Dosentomaten, je 1 TL gehackten Thymian und Oregano zufügen, gut würzen und ca. 5 Minuten köcheln lassen. Anschließend auskühlen.

Den Strudelteig auf einem Handtuch auslegen und mit 100 g Butter bepinseln. Das Ratatouille am unteren Rand in einer länglichen Bahn darauf geben und mit Hilfe des Handtuchs aufrollen. Den Strudel mit Butter bepinseln und im 200 °C heißen Ofen 20–30 Minuten backen.

Dazu passt sehr gut ein Artischockengemüse und frisch gehobelter Parmesan.

7 Geschmorte Zwiebeln mit Geflügelleberfüllung

ZUTATEN FÜR DEN EINKAUF

Rezept für 4 Personen

8 breite Zwiebeln
Olivenöl
1 Lorbeerblatt
2 Thymianzweige
1 Knoblauchzehe
Salz, Pfeffer
Zucker
4 EL Brühe

1 EL Butter

3–4 Geflügellebern
Olivenöl

4 EL Geflügelsauce
3 EL Balsamicoessig
40 g kalte Butter
ca. 2 EL Petersilie, Majoran und Salbei (alles gehackt und vermischt)
Salz, Pfeffer

einige Salbeiblätter

7 Geschmorte Zwiebeln mit Geflügelleberfüllung

ZUBEREITUNG

8 geschälte Zwiebeln in Olivenöl mit 1 Lorbeerblatt, 2 Thymianzweigen und 1 angedrückten Knoblauchzehe leicht anschwitzen. Mit Salz, Pfeffer und Zucker würzen und mit 4 EL Brühe ablöschen.

Den Topf mit Alufolie abdecken und im vorgeheizten Ofen bei 200 °C in 20–25 Minuten weich schmoren.

Die Zwiebeln abschließend mit 1 EL Butter glasieren und auskühlen lassen.

Die Geflügelleber in feine Würfel hacken, in Olivenöl anbraten.

4 EL Geflügelsauce und 3 EL Balsamicoessig zufügen und einkochen lassen. Von der Flamme nehmen, 40 g Butter zugeben und 2 EL gemischte Kräuter unterrühren.

Die Zwiebeln vorsichtig aushöhlen, mit Salz und Pfeffer würzen.

Die Füllung in die Zwiebel geben, leicht erwärmen und mit frittiertem Salbei garnieren.

8 Gebratener Scampispieß mit Salbei und Tomatenconfit

ZUTATEN FÜR DEN EINKAUF

Rezept für 4 Personen

16 Scampi, küchenfertig
16 Salbeiblätter
8 Scheiben Bauchspeck
4 Holzspieße

2 EL Öl
Salz, Pfeffer

2 Schalotten

1 EL Honig
300 ml Tomatensaft

4 Tomaten
Salz, Pfeffer
2 Knoblauchzehen
Thymian, gezupft

8

Gebratener Scampispieß mit Salbei und Tomatenconfit

ZUBEREITUNG

16 Scampi mit je 1 Salbeiblatt ummanteln, 8 Bauchspeckscheiben halbieren und damit die Scampi einwickeln. Die eingewickelten Scampi auf Holzspieße längs aufstecken.

In 2 EL Öl die Scampispieße langsam ausbraten, mit Salz und Pfeffer würzen, aus der Pfanne nehmen und warm stellen.

2 fein gewürfelte Schalotten in Olivenöl anschwitzen. 1 EL Honig hinzufügen und mit 300 ml Tomatensaft ablöschen. Sirupartig einkochen und abkühlen lassen.

4 Tomaten häuten, vierteln und entkernen, auf ein Blech legen und mit Salz, Pfeffer und 2 gehackten Knoblauchzehen würzen, Thymianblätter darüber streuen. Für ca. 10 Minuten in den 90 °C warmen Ofen schieben, anschließend zu dem Tomatensirup geben. Zusammen mit den Scampispießen anrichten.

9 Kartoffel-Ricotta-Knödel mit Salbei-Tomaten-Butter

ZUTATEN FÜR DEN EINKAUF

Rezept für 4 Personen

400 g mehlig kochende Kartoffeln, gekocht und passiert
200 g Ricotta
40 g Mehl
2 Eigelbe
50 g Parmesan
Salz, Pfeffer

150 g Butter

3 EL getrocknete Tomaten, gewürfelt
2 EL Oliven, gewürfelt
2 EL Salbei, gehackt

9

Kartoffel-Ricotta-Knödel mit Salbei-Tomaten-Butter

ZUBEREITUNG

400 g gekochte, gepresste Kartoffeln mit 200 g Ricotta, 40 g Mehl, 2 Eigelben und 50 g geriebenem Parmesan zu einem glatten Teig verkneten, mit Salz und Pfeffer abschmecken.

Aus dem Teig mit feuchten Händen kleine Knödel formen und in siedendem Salzwasser ca. 10 Minuten ziehen lassen, danach abtropfen.

150 g Butter in einer Pfanne aufschäumen lassen und die abgetropften Knödel darin leicht anbraten.

Zum Schluss 3 EL getrocknete, gewürfelte Tomaten, 2 EL gewürfelte Oliven und 2 EL gehackten Salbei zugeben und zusammen anrichten.

10 Mit Kaninchen gefüllte Auberginen- und Zucchiniröllchen

ZUTATEN FÜR DEN EINKAUF

Rezept für 4 Personen

1 Aubergine
1 Zucchini

30 ml Olivenöl
Salz
1/2 EL Knoblauch, gehackt

400 g Kaninchenkeule
200 g Dörrfleisch, fett

1 Brötchen, in heißer Milch eingeweicht

100 g Schalottenwürfel
30 g Butter
2 EL Schnittlauch, gehackt
Salz, Pfeffer

Butter zum Braten

40 g Bergkäse, gerieben

10

Mit Kaninchen gefüllte Auberginen- und Zucchiniröllchen

ZUBEREITUNG

1 Aubergine und 1 Zucchini der Länge nach in dünne Scheiben schneiden.

30 ml Olivenöl in einer Pfanne erhitzen, die Gemüsescheiben darin anbraten, salzen, 1/2 EL gehackten Knoblauch beigeben, kurz ziehen lassen und auf Küchenkrepp abtropfen lassen.

Kaninchen- und Dörrfleisch sowie 1 ausgedrücktes Brötchen durch die feine Scheibe des Fleischwolfs drehen.

100 g Schalottenwürfel in 30 g Butter anschwitzen, glasieren und 2 EL gehackten Schnittlauch unterziehen. Mit Salz und Pfeffer würzen. Alles gut mit dem Fleisch verkneten.

Das Hackfleisch auf die Auberginen- und Zucchinischeiben verteilen und glatt streichen, aufrollen, mit einem Zahnstocher fixieren und in heißer Butter anbraten.

Die Röllchen aus der Pfanne nehmen, auf ein mit Alufolie belegtes Blech setzen, mit 40 g geriebenem Käse bestreuen und im vorgeheizten Backofen bei 200 °C ca. 5 Minuten backen.

11 Artischockensalat mit gebratenen Scampi

ZUTATEN FÜR DEN EINKAUF

Rezept für 4 Personen

12 kl. junge Artischocken
3 EL Olivenöl
2 Thymianzweige
2 Rosmarinzweige
Salz, Pfeffer

30 g Butter
2 EL Schalottenwürfel
1 TL Thymian, gehackt
100 ml Geflügelfond
20 ml Weißweinessig
10 ml Zitronensaft
60 ml Traubenkernöl
Salz, Pfeffer

12 Scampi, geschält und entdarmt
Salz, Pfeffer
3 EL Olivenöl
1 TL Knoblauch, gehackt
1 EL Petersilie, gehackt

Friséesalat
Kirschtomaten

11

Artischockensalat mit gebratenen Scampi

ZUBEREITUNG

Die äußeren Blätter der Artischocken entfernen, schälen und halbieren. Nun in 3 EL Olivenöl scharf anbraten, je 2 Thymian- und Rosmarinzweige zufügen und mit Salz und Pfeffer würzen. Nach ca. 8 Minuten die Artischocken aus der Pfanne nehmen.

30 g Butter erhitzen, 2 EL Schalottenwürfel darin anschwitzen, 1 TL Thymian beigeben und mit 100 ml Geflügelbrühe auffüllen.

Auf ca. ein Drittel einkochen lassen, etwas abkühlen lassen und mit 20 ml Essig, 10 ml Zironensaft, 60 ml Traubenkernöl zu einer Vinaigrette verrühren.

Mit Salz und Pfeffer würzen, die Marinade auf die lauwarmen Artischocken geben und 1/2 Stunde ziehen lassen.

12 Scampi von beiden Seiten mit Salz und Pfeffer würzen und in 3 EL Olivenöl in einer Pfanne 3–4 Minuten braten. 1 TL gehackten Knoblauch und 1 EL gehackte Petersilie in die Pfanne einstreuen und durchschwenken.

Scampi herausnehmen, mit den marinierten Artischocken auf Tellern anrichten und mit Friséesalat und Kirschtomaten garnieren.

12 Gefüllte Sardinen mit Pesto auf gerösteten Brotscheiben

ZUTATEN FÜR DEN EINKAUF

Rezept für 4 Personen

800 g Sardinen
(8–12 Stück)

2 Bund Basilikum
150 ml Olivenöl
Salz, Pfeffer
3 Knoblauchzehen
100 g Pinienkerne, gehackt und geröstet
50 g Parmesan

8–12 kl. Scheiben Ciabattabrot
4 EL Olivenöl
4 Tomaten
Salz, Pfeffer
30 g Semmelbrösel

12 Gefüllte Sardinen mit Pesto auf gerösteten Brotscheiben

ZUBEREITUNG

800 g Sardinen ausnehmen, schuppen, Kopf und Gräten vorsichtig entfernen. Die Schwanzflosse sollte die beiden Filets zusammenhalten. Die Sardinen gut auswaschen und trocknen.

2 Bund gewaschene Basilikumblätter mit 150 ml Olivenöl, Salz und Pfeffer fein pürieren. 3 gepresste Knoblauchzehen, 100 g gehackte Pinienkerne und 50 g geriebenen Parmesan einrühren und nachwürzen. Die Sardinen mit einem Teil des Pesto bestreichen, von der Kopfseite her aufrollen.

8–12 Scheiben Ciabattabrot in einer Pfanne in 4 EL Olivenöl knusprig rösten. Die Scheiben auf ein Backblech mit Rand setzen, mit dem restlichen Pesto bestreichen, darauf je 1 abgezogenes und entkerntes Tomatenviertel sowie 1 Sardinenröllchen legen. Mit Salz und Pfeffer würzen, mit 30 g Semmelbröseln bestreuen und im vorgeheizten Backofen bei 200 °C ca. 12 Minuten garen.

13 Jakobsmuscheln in Zitronenschaum mit Zucchininudeln

ZUTATEN FÜR DEN EINKAUF

Rezept für 4 Personen

12–16 Jakobsmuscheln, ausgebrochen
2 EL Öl
2 EL Butter
Salz, Pfeffer

1 Schalotte
1 Schuss Noilly Prat
250 ml Fischfond
100 g Sahne
100 g Crème fraîche
Zitronensaft
Salz, Pfeffer
Zitronenschale

100 g eiskalte Butter
2 EL geschlagene Sahne

200 g Bandnudeln

1 Zucchini
2 EL Olivenöl
1 EL Butter
Basilikum
Zitronenschale

13

Jakobsmuscheln in Zitronenschaum mit Zucchininudeln

ZUBEREITUNG

Die Jakobsmuscheln waschen und trockentupfen. In Öl-Butter-Gemisch kurz von beiden Seiten sautieren, dann erst salzen und pfeffern.

1 Schalotte würfeln, mit 1 Schuss Noilly Prat und 250 ml Fischfond zur Hälfte einkochen. Dann mit je 100 g Sahne und Crème fraîche auffüllen. Mit Zitronensaft, Salz und Pfeffer abschmecken und die Zitronenschale zugeben.

Mit 100 g eiskalten Butterstückchen binden, nicht mehr aufkochen und kurz vor dem Servieren 2 EL geschlagene Sahne zugeben.

200 g Nudeln in Salzwasser bissfest kochen.

1 Zucchini in dünne Scheiben schneiden, dann in breite Streifen. Diese in 2 EL Olivenöl andünsten. Abgeschüttete Nudeln zugeben und mit etwas Butter verfeinern.

Zucchininudeln auf Tellern anrichten, Jakobsmuscheln dazulegen, aufgeschäumte Zitronensauce darüber geben und mit Basilikumblättern und geriebener Zitronenschale garnieren.

14 Orangen-Fenchel-Salat

ZUTATEN FÜR DEN EINKAUF

Rezept für 4 Personen

2 Orangen

300 g Fenchel

Saft von 1/2 Zitrone

Salz
1 TL Honig
Pfeffer
40 ml Haselnussöl

10 g Mandeln, gehobelt

20 g Haselnüsse, gehobelt

Orangen-Fenchel-Salat

ZUBEREITUNG

2 Orangen schälen, die Filets herausschneiden und den Saft auffangen.

300 g Fenchel waschen, Fenchelgrün herausschneiden. Die Knolle auf der Aufschnittmaschine in dünne Scheiben schneiden und mit Zitronensaft beträufeln.

Den Orangensaft mit Salz, 1 TL Honig und Pfeffer verrühren sowie 40 ml Haselnussöl dazugeben.

Fenchelscheiben und Orangenfilets anrichten, Orangendressing darüber verteilen und mit Salz und Pfeffer würzen. Mit Fenchelgrün garnieren und mit gehobelten und gerösteten Mandel- und Haselnussblättchen bestreut servieren.

15 Kalbscarpaccio

ZUTATEN FÜR DEN EINKAUF

Rezept für 4 Personen

300 g Kalbsfilet, ohne Sehnen und Häute
ca. 5 EL Olivenöl
ca. 2 EL Balsamico bianco
Salz, Pfeffer

80 g Friseésalat
12 Cocktailtomaten

Basilikumblätter
etwas Balsamico
ca. 80 g Parmesan

15 Kalbscarpaccio

ZUBEREITUNG

300 g Kalbsfilet in Klarsichtfolie einwickeln und leicht anfrieren. Dann mit der Aufschnittmaschine dünn aufschneiden. Mit 5 EL Olivenöl dünn einpinseln, mit 2 EL Balsamico bianco beträufeln, dann mit Salz und Pfeffer würzen.

80 g Frisée putzen, waschen und trocken schleudern, 12 Cocktailtomaten halbieren.

Den Salat mit den Cocktailtomaten auf dem Carpaccio anrichten, einige Basilikumblätter dekorativ darauf legen. Mit etwas Balsamico beträufeln und leicht salzen. 80g Parmesan dünn über das Carpaccio hobeln.

16 Gegrillter Thunfischspieß

ZUTATEN FÜR DEN EINKAUF

Rezept für 4 Personen

600 g Thunfisch

16 Silberzwiebeln

1 Zucchini
1 Paprika, rot
1 Paprika, gelb

Saft von 2 Limonen
Salz, Pfeffer
1 Knoblauchzehe
100 ml Olivenöl
3 Thymianzweige

Holzspieße

16 **Gegrillter Thunfischspieß**

ZUBEREITUNG

600 g Thunfisch in Würfel schneiden, ca. 3 cm groß.

16 Silberzwiebeln schälen, in kochendem Wasser blanchieren und kalt abschrecken.

1 Zucchini und je 1 rote und gelbe Paprika waschen und alles in gleich große Würfel schneiden.

Den Saft von 2 Limonen mit Salz, Pfeffer und 1 gehackten Knoblauchzehe verrühren, 100 ml Olivenöl dazugeben und mit 3 gehackten Thymianzweigen verrühren.

Die Thunfisch- und Gemüsewürfel sowie die Zwiebeln in der Marinade 2–3 Stunden einlegen. Danach die Würfel auf Holzspieße stecken.

Die Spieße in einer Grillpfanne oder auf einem Holzkohlengrill 4–5 Minuten grillen. Mit der Marinade bestreichen und mit Salz und Pfeffer würzen.

17 Weiße Tomatenschaumsuppe mit Parmaschinken

ZUTATEN FÜR DEN EINKAUF

Rezept für 4 Personen

500 g vollreife Tomaten
1 l Geflügelfond
2 EL Olivenöl
Salz, weißer Pfeffer

2 Schalotten
2 EL Olivenöl
1 Knoblauchzehe
100 ml Weißwein

150 g Sahne

50 g Butter

3 EL geschlagene Sahne
Salz, weißer Pfeffer

8 dünne Scheiben Parmaschinken
2 EL Basilikumpesto
Basilikum

17

Weiße Tomatenschaum-suppe mit Parmaschinken

ZUBEREITUNG

500 g gewaschene und geviertelte Tomaten mit 1 l Geflügelfond, 2 EL Olivenöl, Salz und Pfeffer und fein pürieren. Die aufgemixten Tomaten in ein Küchentuch geben und den klaren Tomatensaft auffangen.

2 gewürfelte Schalotten in 2 EL heißem Olivenöl mit 1 feingehackten Knoblauchzehe glasig dünsten. Mit 100 ml Weißwein ablöschen, mit dem klaren Tomatensaft auffüllen und etwas einkochen lassen.

150 g Sahne zugeben und auf ein Drittel reduzieren lassen.

Mit einem Stabmixer 50 g kalte Butterwürfel unterarbeiten.

Zum Schluss 3 EL geschlagene Sahne dazugeben und mit Salz und weißem Pfeffer abschmecken.

Pro Teller je 2 Scheiben Parmaschinken in die Suppe geben und mit etwas Pesto und frittiertem Basilikum garniert servieren.

18 Gazpacho

ZUTATEN FÜR DEN EINKAUF

Rezept für 4 Personen

1 Paprika, rot
200 g reife Tomaten
1/2 Salatgurke

60 g frische Weißbrotbrösel

100 g Mayonnaise
200 ml Geflügelbrühe

1 EL Butter
100 g Weißbrotwürfel

1/2 Salatgurke
1/2 Paprika, grün
1/2 Paprika, rot
1/2 Paprika, gelb

6–8 Kirschtomaten

Gazpacho

ZUBEREITUNG

1 rote Paprikaschote, 200 g Tomaten und 1/2 Gurke waschen und klein schneiden. (Die Schale an der Gurke lassen, nur die Kerne herauskratzen.)

Das Gemüse fein pürieren und dabei nach und nach 60 g Weißbrotbrösel zugeben. Die Mischung 1–2 Stunden kühlen.

Die gekühlte Gemüsemischung mit 100 g Mayonnaise gut verrühren und mit 200 ml kalter Brühe aufgießen.

1 EL Butter in einer Pfanne zerlassen und 100 g Weißbrotwürfel darin goldbraun anrösten.

1/2 Salatgurke in kleine Würfel schneiden. Je 1/2 grüne, rote und gelbe Paprika schälen und ebenfalls in kleine Würfel schneiden.

6–8 Kirschtomaten vierteln.

Die kalte Suppe in tiefe Teller geben und mit Croûtons, Gemüsewürfeln und Tomaten servieren.

19 Gebratene Dorade mit karamellisierten Tomaten in Balsamico

ZUTATEN FÜR DEN EINKAUF

Rezept für 4 Personen

4 Doradenfilets, mit Haut und ohne Gräten
3 EL Olivenöl
4 Thymianzweige
2 Rosmarinzweige
2 Knoblauchzehen
Salz
Pfeffer

2 EL Zucker
4 schöne Kirschtomatenrispen
50 ml Balsamicoessig
2–3 EL Tomatensaft
Salz, Pfeffer
50 g Butter

19

Gebratene Dorade mit karamellisierten Tomaten in Balsamico

ZUBEREITUNG

Die Doradenfilets waschen, trockentupfen und je nach Größe nochmals halbieren. Auf der Hautseite in 3 EL heißem Olivenöl braten, 4 Thymian-, 2 Rosmarinzweige und 2 angedrückte Knoblauchzehen zufügen und mit Salz und Pfeffer würzen. Den gegarten Fisch herausnehmen.

In der gleichen Pfanne 2 EL Zucker karamellisieren und 4 Tomatenrispen dazugeben. Mit 50 ml Balsamicoessig und 2–3 EL Tomatensaft ablöschen, salzen und pfeffern. Die Tomaten ca. 1 Minute darin garen. 50 g Butter unterrühren.

Tomaten, Sauce und Fisch zusammen anrichten.

20 Risotto mit Lachs und grünem Spargel

ZUTATEN FÜR DEN EINKAUF

Rezept für 4 Personen

1 EL Olivenöl
2 EL Butter
1 Schalotte
1 Knoblauchzehe
250 g Risotto-Reis
250 ml Weißwein

350 ml Geflügelbrühe
50 g Parmesan
2 EL Schlagsahne
Salz, Pfeffer

20 grüne Spargelspitzen, gekocht

8 schmale Lachstranchen
2 EL Butter
Salz, Pfeffer

20

Risotto mit Lachs und grünem Spargel

ZUBEREITUNG

1 EL Öl und 2 EL Butter erhitzen. 1 gewürfelte Schalotte und 1 gepresste Knoblauchzehe sowie 250 g Reis darin glasig dünsten, nach ca. 3 Minuten mit 250 ml Wein ablöschen.

Wenn der Wein aufgesogen ist, nach und nach 350 ml Brühe zugießen.

Hat der Reis seine richtige Konsistenz erlangt, das Risotto mit 50 g geriebenem Parmesan und 2 EL Schlagsahne verfeinern, mit Salz und Pfeffer abschmecken.

20 Spargelspitzen unter das Risotto heben.

8 Lachstranchen in 2 EL Butter anbraten, mit Salz und Pfeffer würzen und mit dem Spargelrisotto anrichten.

21 Tagliatelle mit Pesto und Parmesan

ZUTATEN FÜR DEN EINKAUF

Rezept für 4 Personen

1 Bund Basilikum
50 g Spinat

1 Knoblauchzehe

100 g Pinienkerne
50 g Parmesan
100 ml Olivenöl

Salz, Pfeffer
etwas Zitronensaft

200 g Weizenmehl
200 g Hartweizengrieß
3 Eier
2 EL Olivenöl
2 EL Wasser
1/2 TL Salz

ca. 100 g Parmesan

21

Tagliatelle mit Pesto und Parmesan

ZUBEREITUNG

1 Bund Basilikum und 50 g Spinat waschen und die Blätter von den Stielen zupfen. Gut trocknen.

1 Knoblauchzehe fein hacken und mit den Blättern in einen Mixer geben.

100 g gehackte Pinienkerne und 50 g geriebenen Parmesan dazugeben und alles mit 100 ml Olivenöl fein pürieren. Mit Salz, Pfeffer und Zitronensaft abschmecken.

200 g Mehl mit 200 g Grieß vermischen und mit 3 Eiern, 2 EL Olivenöl, 2 EL Wasser und 1/2 TL Salz gut verkneten. Den Teig in Klarsichtfolie einwickeln und für 60 Minuten in den Kühlschrank stellen.

Mit einer Nudelmaschine Bandnudeln scheiden, in Salzwasser kochen, abgießen und heiß abschrecken.

Die heißen Nudeln mit dem Pesto mischen, auf Tellern anrichten und mit 100 g gehobeltem Parmesan servieren.

22 Gegrillte Polenta auf Tomaten-Paprika-Ragout

ZUTATEN FÜR DEN EINKAUF

Rezept für 4 Personen

500 ml Wasser
3 EL Olivenöl
Salz, Pfeffer
150 g Polentamehl

2 Eigelbe
Öl zum Einfetten
Olivenöl zum Braten

2 Fleischtomaten
1 Paprika, rot
1 Paprika, gelb

2 Schalotten
2 EL Olivenöl
2 EL Balsamico
1 EL Thymianblätter
Salz, Pfeffer

einige Rucolablätter

22

Gegrillte Polenta auf Tomaten-Paprika-Ragout

ZUBEREITUNG

500 ml Wasser mit 3 EL Öl, Salz und Pfeffer aufkochen. 150 g Polentamehl einrieseln lassen, gut verrühren und 5–10 Minuten unter mehrmaligem Rühren quellen lassen.

2 Eigelbe einrühren und die Masse ca. 1,5 cm dick in eine mit Olivenöl gefettete Auflaufform streichen. Im Kühlschrank 2 Stunden kalt stellen.

Die Polenta stürzen, in Würfel oder Rauten schneiden und in Olivenöl knusprig grillen.

2 Tomaten und 2 Paprika waschen, vierteln, entkernen und mit der Haut in Würfel schneiden.

2 Schalotten fein würfeln, in 2 EL Olivenöl glasig anschwitzen, mit 2 EL Essig ablöschen und einkochen. 1 EL Thymianblätter dazugeben, mit den Tomaten und Paprika mischen und mit Salz und Pfeffer würzen.

Die Polentascheiben auf dem Ragout anrichten, mit einigen Rucolablättern garnieren.

23 Gebratene Rotbarbe auf Bouillabaisse-Gemüse

ZUTATEN FÜR DEN EINKAUF

Rezept für 4 Personen

1/2 Lauchstange
1 Karotte
1 Fenchel

3 EL Olivenöl
Salz, Pfeffer
1 TL Safranfäden

50 ml Weißwein
100 ml Fischfond

12 Perlzwiebeln
2 EL Olivenöl
1 TL Zucker
50 g Butter

4 Rotbarbenfilets, küchenfertig
2 EL Olivenöl
2 Thymianzweige
2 Knoblauchzehen
Salz, Pfeffer

100 g Tomatenmarmelade

23 Gebratene Rotbarbe auf Bouillabaisse-Gemüse

ZUBEREITUNG

1/2 Lauch der Länge nach halbieren und sorgfältig waschen. 1 Karotte schälen. 1 Fenchel, Karotte und Lauch in Streifen schneiden.

Die Gemüsestreifen in 3 EL Olivenöl anschwitzen. Mit Salz, Pfeffer und 1 TL Safranfäden würzen.

Mit 50 ml Weißwein ablöschen und 100 ml Fischfond auffüllen. Bei reduzierter Hitze das Gemüse gar kochen.

12 Perlzwiebeln schälen und halbieren. In 2 EL Olivenöl mit 1 TL Zucker anschwitzen, dann abgedeckt im 200 °C heißen Ofen in ca. 10 Minuten gar schmoren. Sodann unter das Gemüse mischen und mit 50 g Butter verfeinern.

4 Fischfilets in 2 EL Olivenöl mit 2 Thymianzweigen und 2 angedrückten Knoblauchzehen anbraten, mit Salz und Pfeffer würzen.

Den Fisch auf dem Gemüse anrichten und mit etwas Tomatenmarmelade servieren.

24 Kleine gefüllte Kalbsschnitzel

ZUTATEN FÜR DEN EINKAUF

Rezept für 4 Personen

12 kleine Kalbsschnitzel, à 40–50 g

150 g Sellerie
150 g Möhren
150 g Lauch

Salz, Pfeffer
2 EL Balsamico

12 Salbeiblätter

2 EL Rapsöl
50 g Schalotten
50 ml Balsamico
150 ml Kalbsfond
Salz, Pfeffer

4 EL Tomaten, gewürfelt
150 g Frühlingszwiebeln (nur das Grüne)

24

Kleine gefüllte Kalbsschnitzel

ZUBEREITUNG

12 geschnittene Schnitzel zwischen zwei Plastikfolien gleichmäßig dünn plattieren.

Je 150 g Sellerie, Möhren und Lauch schälen, in Scheiben und in dünne Streifen schneiden. Diese in kochendem Wasser blanchieren, kalt abschrecken und trocknen.

Die Kalbsschnitzel mit Salz und Pfeffer würzen, 2 EL Balsamico auf das Fleisch pinseln, mit den Gemüsestreifen belegen, aufrollen, mit je 1 Salbeiblatt umwickeln und mit einem Zahnstocher fixieren.

In 2 EL heißem Rapsöl von allen Seiten anbraten. 50 g gewürfelte Schalotten in die Pfanne geben und glasieren. Die Röllchen herausnehmen und warm stellen. Mit 50 ml Balsamico ablöschen, einkochen, mit 150 ml Kalbsfond auffüllen, salzen und pfeffern.

Die Röllchen in die Sauce legen und fertiggaren. 4 EL Tomatenwürfel und 150 g grüne Frühlingszwiebelringe dazugeben.

Ich empfehle Ihnen hierzu ein Weißweinrisotto.

25 Gebratene Perlhuhnbrust mit Balsamicolinsen und eingelegtem Kürbis

ZUTATEN FÜR DEN EINKAUF

Rezept für 4 Personen

250 g Kürbis, geschält und entkernt

150 ml Rotweinessig
100 ml Wasser
110 g Zucker
5 g Ingwer
2 Nelken
1 Lorbeerblatt
5 Pfefferkörner

150 g braune Linsen
300 ml Geflügelfond

80 ml dunkler Bratenfond
3 EL Balsamicoessig
2 EL kalte Butter

4 Perlhuhnbrüste
Salz, Pfeffer
50 g Butterschmalz
ca. 2 EL Honig

25 Gebratene Perlhuhnbrust mit Balsamicolinsen und eingelegtem Kürbis

ZUBEREITUNG

250 g Kürbis in dicke Streifen schneiden.

150 ml Essig mit 100 ml Wasser, 110 g Zucker, 5 g Ingwer, 2 Nelken, 1 Lorbeerblatt, 5 Pfefferkörner verrühren, aufkochen lassen und die Kürbisstreifen zufügen. Noch einmal aufkochen. Kürbisstreifen im Sud auskühlen lassen.

150 g Linsen in 300 ml Geflügelfond nicht zu weich kochen. Herausnehmen und gut abtropfen lassen.

2–3 EL Kürbismarinade zufügen, 80 ml Bratenfond sowie 3 EL Balsamicoessig. Dann 2 EL Butter untermontieren.

4 Perlhuhnbrüste salzen und pfeffern. In 50 g heißem Butterschmalz auf der Hautseite scharf anbraten. Umdrehen, die Hautseite mit 2 EL Honig bepinseln und im 160 °C heißen Ofen in 5–10 Minuten fertig garen. Herausnehmen und ca. 5 Minuten abgedeckt ruhen lassen.

Die Kürbisstreifen aus der Marinade nehmen, zu den Linsen geben und beides lauwarm anrichten. Die Perlhuhnbrüste aufschneiden und darauf legen.

26 Kaninchen-Saltimbocca mit Polentagnocchi

ZUTATEN FÜR DEN EINKAUF

Rezept für 4 Personen

8 Kaninchen-rückenfilets
8 gr. Salbeiblätter
8 Scheiben Parma-schinken
2 EL Olivenöl
Pfeffer

2 EL Schalottenwürfel
1 EL Knoblauchwürfel

50 ml Weißwein
120 ml Geflügelbrühe
80 g Sahne
40 g Butter

2 EL Tomatenwürfel
1 TL frischer Salbei, gehackt
1 TL frischer Thymian, gehackt

Polenta
Parmesan

26

Kaninchen-Saltimbocca mit Polentagnocchi

ZUBEREITUNG

Die 8 Kaninchenrückenfilets von Haut und evtl. Sehnen befreien. Je 1 Blatt Salbei darauf legen und im Parmaschinken einwickeln. Die ummantelten Filets in 2 EL Olivenöl anbraten, etwas pfeffern.

Nach ca. 4 Minuten herausnehmen und warm stellen. In derselben Pfanne 2 EL Schalotten- und 1 EL Knoblauchwürfel anschwitzen. Mit 50 ml Weißwein ablöschen und mit 120 ml kräftiger Geflügelbrühe auffüllen. Auf die Hälfte einkochen lassen. 80 g Sahne zufügen und nochmals einkochen lassen. Anschließend 40 g kalte Butter unterrühren.

2 EL Tomatenwürfel und je 1 TL gehackten Salbei und Thymian in die Sauce geben.

Die Polenta, wie in Rezept 22 beschrieben, zubereiten. Halbmondförmig ausstechen und mit geriebenem Parmesan bestreut überbacken. Mit den aufgeschnittenen Kaninchenfilets und der Sauce anrichten.

27 Lammkoteletts unter der Knoblauchkruste

ZUTATEN FÜR DEN EINKAUF

Rezept für 4 Personen

16 Lammkoteletts, à ca. 50 g
3 Knoblauchzehen
4 Thymianzweige
2 Rosmarinzweige
80 ml Olivenöl

100 g Butter, zimmerwarm

Salz, Pfeffer
120 g Weißbrot ohne Rinde, fein gerieben
3 EL junger Knoblauch, fein gehackt
2 EL Petersilie, gehackt

Salz, Pfeffer

27 Lammkoteletts unter der Knoblauchkruste

ZUBEREITUNG

16 Koteletts mit 3 gehackten Knoblauchzehen, 4 Thymian- und 2 Rosmarinzweigen und 80 ml Olivenöl über Nacht im Kühlschrank marinieren.

100 g Butter schaumig rühren, mit Salz und Pfeffer würzen. 120 g Weißbrot, 3 EL jungen Knoblauch und 2 EL gehackte Petersilie zugeben, glatt rühren, in Klarsichtfolie zu einer Rolle formen und kalt stellen.

Das Olivenöl der Marinade erhitzen. Lammkoteletts mit den Kräutern (der Marinade) kurz anbraten, mit Salz und Pfeffer würzen und bei 130 °C ca. 5 Minuten in den Ofen stellen. Die Knoblauchkruste in Scheiben schneiden, auf die Lammkoteletts legen und unter dem Grill goldgelb gratinieren.

Die Lammkoteletts mit grünen Bohnen, gebratenen Rosmarinkartoffeln und evtl. etwas Lammjus servieren.

28 Balsamico-Erdbeeren mit Proseccoschaum

ZUTATEN FÜR DEN EINKAUF

Rezept für 4 Personen

50 g Zucker
50 ml Wasser
50 ml Balsamico

500 g Erdbeeren

5 Eigelbe
50 g Zucker
250 ml Prosecco

Minzeblättchen

28

Balsamico-Erdbeeren mit Proseccoschaum

ZUBEREITUNG

50 g Zucker und 50 ml Wasser sirupartig einkochen. 50 ml Balsamico zufügen und abkühlen lassen.

500 g Erdbeeren waschen, putzen, halbieren und in dem Wasser-Zucker-Gemisch ca. 10 Minuten marinieren.

5 Eigelbe und 50 g Zucker in einer Schüssel verrühren. 250 ml Prosecco zufügen und alles über einem heißen Wasserbad dick cremig aufschlagen.

Marinierte Erdbeeren mit dem Proseccoschaum anrichten und mit Minze garnieren.

29 Joghurtterrine mit Limone und Minze

ZUTATEN FÜR DEN EINKAUF

Rezept für 4 Personen

200 g Joghurt
50 g Schmand

50 g Honig
Saft und Schale von 2 Limonen (unbehandelt)

2 cl Grand Marnier
4 Blatt Gelatine

125 g Sahne
2 EL Puderzucker
4 EL Minze, fein geschnitten

1 kleine Melone
etwas Honig

29

Joghurtterrine mit Limone und Minze

ZUBEREITUNG

200 g Joghurt mit 50 g Schmand gut verrühren.

50 g Honig mit dem Saft von 2 Limonen leicht erwärmen und mit der fein gehackten Limonenschale in den Joghurt einrühren.

2 cl Grand Marnier erwärmen und darin 4 Blatt in Wasser eingeweichte und ausgedrückte Gelatine auflösen. Von der Joghurtmasse 5 EL zu der Gelatine geben, verrühren und dann unter die restliche Joghurtmasse rühren.

125 g Sahne etwas anschlagen, 2 EL Puderzucker dazu geben, cremig schlagen und unter die Joghurtmasse heben, ebenso 4 EL feingeschnittene Minze. In eine mit Klarsichtfolie ausgeschlagene Form füllen und für ca. 4 Stunden kalt stellen. Danach stürzen, in Scheiben schneiden und mit in Honig eingelegten Melonenkugeln servieren.

30 Ricottacrème mit Nektarinen-Himbeer-Salat

ZUTATEN FÜR DEN EINKAUF

Rezept für 4 Personen

250 g Ricotta
50 g Honig
Saft und Schale von 1 Orange

3 Blatt Gelatine
3 EL Milch

120 g Sahne

2 Nektarinen
100 g Himbeeren
1 EL Maraschino
1 EL Puderzucker

30 Ricottacrème mit Nektarinen-Himbeer-Salat

ZUBEREITUNG

250 g Ricotta durch ein Sieb streichen, 50 g Honig, Saft und Schale von 1 Orange darunter rühren.

3 Blatt in kaltem Wasser eingeweichte Gelatine gut ausdrücken und in 3 EL warmer Milch auflösen.

Die Gelatine-Milch sorgfältig unter die Ricottamasse rühren.

120 g geschlagene Sahne vorsichtig unter die Masse heben und diese nun in Förmchen füllen. Für ca. 3 Stunden in den Kühlschrank stellen.

Anschließend die Crème aus den Förmchen lösen und zusammen mit 2 in Spalten geschnittenen Nektarinen und 100 g Himbeeren, die zuvor mit Maraschino und Puderzucker mariniert wurden, anrichten.